BEI GRIN MACHT SICH IHR WISSEN BEZAHLT

Alexandra Ludwig

Angststörungen - ein kurzer Überblick

GRIN Verlag

Bibliografische Information der Deutschen Nationalbibliothek:

Die Deutsche Bibliothek verzeichnet diese Publikation in der Deutschen National-
bibliografie; detaillierte bibliografische Daten sind im Internet über http://dnb.d-
nb.de/ abrufbar.

Impressum:

Copyright © 2002 GRIN Verlag GmbH
Druck und Bindung: Books on Demand GmbH, Norderstedt Germany
ISBN: 978-3-638-93540-1

Dieses Buch bei GRIN:

http://www.grin.com/de/e-book/14945/angststoerungen-ein-kurzer-ueberblick

GRIN - Your knowledge has value

Der GRIN Verlag publiziert seit 1998 wissenschaftliche Arbeiten von Studenten, Hochschullehrern und anderen Akademikern als eBook und gedrucktes Buch. Die Verlagswebsite www.grin.com ist die ideale Plattform zur Veröffentlichung von Hausarbeiten, Abschlussarbeiten, wissenschaftlichen Aufsätzen, Dissertationen und Fachbüchern.

Besuchen Sie uns im Internet:

http://www.grin.com/

http://www.facebook.com/grincom

http://www.twitter.com/grin_com

Angststörungen

von

Alexandra Ludwig

Universität Lüneburg

WS 02/ 03

Seminar: Psychische Störungen und Verhaltensauffälligkeiten im Kindes- und Jugendalter

Ausarbeitung zum Thema

„Angststörungen"

Abgabetermin: 12.11.02

Gliederung

1. Einleitung

Für das Referatsthema Angststörungen habe ich mich entschieden, weil ich mich näher mit der Thematik „normale Angst" versus „krankhafte Angst" auseinandersetzen wollte.

Da die Anzahl der von Angststörungen betroffenen Personen gerade in den Industrienationen immens ist und stetig zunimmt, hielt ich es für sinnvoll mich mit diesem brisanten Thema einschließlich der Ursachen und Therapiemodelle zu beschäftigen.

Die Ausarbeitung zum Thema Angststörungen gliedert sich in zwei Hauptbereiche. Der erste Teil beschäftigt sich mit der Definition, der Epidemiologie und den Ursachenmodellen der Angststörungen. Außerdem gehe ich auf den Teufelskreis der Angst ein.

Im zweiten Teil befasse ich mich näher mit der Sozialphobie und den hierfür geeigneten Therapiemaßnahmen. Für die Sozialphobie habe ich mich entschieden, da sie eine besonders häufige Angststörung darstellt. Allein in Deutschland leiden 8% aller Jugendlichen und Erwachsenen an der Sozialphobie.

4

2. Allgemeines zur Angst – Begriffsklärungen

Der Begriff „Angst" ist verwandt mit dem lateinischen Wort „angustus" und bedeutet soviel wie „eng", „beengend" bzw. „die freie Bewegung behindernd".[1]

Das Psychologie-Lexikon nach Humboldt beschreibt den Begriff der Angst wie folgt: „[Angst ist] ein mit Beklemmung, Bedrückung, Erregung, oft auch mit quälender Verzweiflung einhergehender Gefühlszustand. Angst ist existentiell, d.h. sie entsteht reaktiv auf jede real erlebte oder auch bloß vorgestellte, häufig nicht einmal voll bewusste Lebensbeeinträchtigung oder –bedrohung."[2]

Jedoch ist Angst auch ein Warn- und Alarmsignal, das bei der Bewältigung der zugrundeliegenden Bedrohung hilft. Somit ist Angst ein notwendiger, akuter und langfristiger Anpassungs- und Lernvorgang.
Auffällig wird Angst erst dann, wenn sie in einem zu starken oder zu geringen Ausmaß vorhanden ist.

Abzugrenzen von dem durch ein diffuses Bedrohungsgefühl charakterisierten Angstbegriff ist der Begriff der Furcht. Dieser beschreibt das psychische Erleben einer realen Gefährdung oder Bedrohung (Realangst) und kann Vermeidungs- oder Angriffsreaktionen im Hinblick auf die Situation auslösen. Furcht ist immer auf eine spezifische Situation oder auf ein konkretes Objekt gerichtet. Als Beispiel wären hier die unterschiedlichen Reaktionsmöglichkeiten auf einen Überfall zu nennen (Gegenangriff oder Flucht).[3]

Von Angststörungen - als krankhafter Angst - spricht man, wenn Menschen ständig unter Furcht und Angst leiden und dadurch nicht mehr in der Lage sind ein normales Leben zu führen. Die Ängste der Betroffenen sind schwer, häufig oder anhaltend und werden von geringfügigen, meist unspezifischen oder nicht vorhandenen Bedrohungen ausgelöst.

---

[1] Vgl.: Dorsch, Psychologisches Wörterbuch. 1998. S. 40
[2] Humboldt-Psychologie-Lexikon, hrsg. von der Red. Naturw. U. Medizin des Bibl. Instituts.1986, S.31
[3] vgl. Zimbardo, Psychologie. 1995. S.615

5

3. Klassifikation der Angststörungen

Nach dem Klassifikationssystem DSM-IV[4] werden die Angststörungen in sechs Kategorien eingeteilt:

* Phobien
* Generalisierte Angststörung
* Panikstörung
* Zwangsstörung
* Akute Belastungsstörung
* Posttraumatische Belastungsstörung

Am häufigsten treten die Phobien und generalisierten Angststörungen auf.

3.1 Phobien

Eine Phobie ist eine besonders intensive, aber irrationale Angst vor bestimmten Situationen oder Objekten und geht mit Vermeidungsverhalten einher, welches in keinem Verhältnis zur eigentlichen Gefahr steht.

Es gibt drei Hauptkategorien von Phobien:

* Agoraphobie

    Dies sind Ängste vor öffentlichen Orten und Menschenansammlungen und können als „multiple Situationsphobien" bezeichnet werden. Gemieden oder nur mit Unbehagen ertragen werden daher folgende Situationen:

    Aufenthalt in öffentlichen Räumen, besonders wenn diese überfüllt sind, Benutzung öffentlicher Verkehrsmittel, Liftfahren, Schlange stehen u.v.m.

    Das ausgeprägte Vermeidungsverhalten führt oft zu einem totalen Rückzug in die eigene Wohnung.

* Sozialphobie

    Eine starke, anhaltende und irrationale Angst vor sozialen oder leistungs- bezogenen Situationen, in denen Peinlichkeit eintreten könnte.

    Es bestehen unangemessen starke Ängste vor sozialen Situationen, z.B. sich in der Gegenwart anderer zu äußern, Personen des anderen Geschlechts anzusprechen, vor anderen zu reden oder zu essen oder in anderer Weise im Mittelpunkt der Aufmerksamkeit anderer zu stehen. Die sozialen Ängste können sich z.B. äußern in Erröten, Schwitzen, Händezittern, Herzrasen, Vermeiden von Blickkontakt, Versagen bzw. Veränderung der Stimme, Übelkeit oder Harndrang.

- Spezifische Phobien

  Weitere Phobien, wie die Angst vor Tieren, Insekten, Höhe, geschlossenen Räumen oder Gewitter.

3.2 Generalisierte Angststörung

Menschen mit einer Generalisierten Angststörung leiden unter einer unrealistischen oder übertriebenen Angst und Besorgnis bzgl. zahlreicher Ereignisse oder Aktivitäten. Diese Angst nennt man „frei flottierend".

Um Angststörungen zuverlässig diagnostizieren zu können, beschreibt das DSM- IV Symptome, die bei von Angststörungen betroffenen Personen auftreten. Bei der Generalisierten Angststörung werden folgende genannt:

1. Zittern, Zucken oder Beben
2. Muskelspannung, Schmerzen oder Empfindlichkeit
3. Ruhelosigkeit
4. Leichte Ermüdbarkeit
5. Atemnot oder Beklemmungsgefühle
6. Herzklopfen oder beschleunigter Herzschlag
7. Schwitzen oder kalte feuchte Hände
8. Mundtrockenheit
9. Benommenheit oder Schwindel
10. Übelkeit oder andere abdominale Beschwerden
11. Hitzewallungen oder Kälteschauer
12. Häufiges Wasserlassen
13. Schluckbeschwerden oder Kloßgefühl im hals
14. Gefühl der Anspannung
15. Übermäßige Schreckhaftigkeit
16. Konzentrationsstörungen oder Blackout aus Angst
17. Ein- oder Durchschlafstörungen
18. Reizbarkeit

---

4 vgl. DSM: Diagnostisches und Statischstes Manual psychischer Störungen

7

Von einer generalisierten Angststörung wird jedoch erst gesprochen, wenn mehrere dieser Symptome an den meisten Tagen und über mehrere Wochen lang bestehen.

3.3 Panikstörung

Menschen, die an einer Panikstörung leiden, haben häufig ohne ersichtlichen Grund spontane unvorhersehbare Panikattacken. Diese gehen mit massiven körperlichen Symptomen einher, wie Herzrasen, Atemnot, Hyperventilation, Ohnmacht u.v.m., die von den Betroffenen als lebensbedrohlich empfunden werden.

Zur Veranschaulichung dieser psychischen Störung führe ich folgendes Zitat eines Betroffenen an:

„Es fühlt sich so an, als ob mich alles wie etwas Heißes durchläuft, und zittrig, und mein Herz klopft wie rasend, und mein Atem geht wirklich richtig schnell... Ich habe das Gefühl, ich muss sterben oder so."[5]

Die Panikattacken werden so sehr gefürchtet, dass eine Angst vor der eigenen Angst entsteht.

3.4 Zwangsstörung

Menschen mit einer Zwangsstörung werden beherrscht von Zwangsgedanken und / oder Zwangshandlungen. Unter Zwangsgedanken versteht man wiederkehrende oder beharrlich bleibende Gedanken, Bilder oder Impulse, die sich immer wieder ins Bewusstsein drängen und Angst hervorrufen. Das zwanghafte Denken lässt sich inhaltlich in fünf breitgefächerte Kategorien einteilen:

Schmutz und Verunreinigung

Aggression

Die Ordnung nicht- lebendiger Gegenstände

Sexualität

Religion

Zwangshandlungen bezeichnen wiederholte zweckmäßige und beabsichtigte Verhaltensweisen, zu deren Ausführung sie sich gezwungen fühlen, um Angst zu reduzieren, z.B. Wasch- oder Kontrollzwang.

---

[5] Zimbardo. Psychologie 1995 Berlin, Heidelberg. S.617

Obwohl manche Menschen mit einer Zwangsstörung ausschließlich Zwangsgedanken oder Zwangshandlungen haben, treten diese in den meisten Fällen zusammen auf, so dass sie als zwei Aspekte einer einzigen Störung, der Zwangsstörung, betrachtet werden.

3.5 Posttraumatische/ akute Belastungsstörung

Menschen mit einer Belastungsstörung reagieren mit einem charakteristischen Symptommuster auf ein traumatisches Ereignis. Zu dem Symptommuster gehören Wiedererleben des traumatischen Ereignisses (flashbacks), Vermeidung von damit zusammenhängenden Ereignissen, eingeschränkte Reagibilität und erhöhtes Erregungsniveau, Angst- und Schuldgefühle.

Von einer akuten Belastungsstörung ist die Rede, wenn die Symptome innerhalb von 4 Wochen nach dem Trauma einsetzen und weniger als einen Monat anhalten.

Die Symptome der posttraumatischen Belastungsstörung können zu jedem Zeitpunkt – auch noch Jahre nach dem Trauma – einsetzen und Monate oder Jahre anhalten.

Akute und posttraumatische Belastungsstörungen treten häufig als Reaktion auf Kriegserlebnisse, Naturkatastrophen, Vergewaltigungen und andere traumatische Ereignisse auf.[6]

4. Epidemiologie

4.1 Was ist Epidemiologie?

„Die psychiatrische Epidemiologie beschäftigt sich mit der räumlichen und zeitlichen Verteilung psychischer Erkrankungen oder anderer gesundheitsrelevanter Variablen in der Bevölkerung und der unterschiedlichen Häufigkeit ihres Auftretens im Zusammenhang mit demographischen, genetischen, Verhaltens- und Umweltfaktoren."[7]

---

[6] vgl. DSM-IV Diagnostisches und Statistisches Manual psychischer Störungen?

4.2 Epidemiologisches Profil der Angststörungen

	Ein- Jahres- Prävalenz[8]	Verhältnis Frauen- Männer	Alter bei Beginn	Prävalenz bei nahen Verwandten
Agoraphobie ohne Panikstörung	2,8%	2:1	20-40 Jahre	Unbek.
Soziale Phobie	8,0%	3:2	10-20 Jahre	Erhöht
Spezifische Phobie	9,0%	3:1	Untersch.	Erhöht
Generalisierte Angststörung	3,8%	2:1	0-20 Jahre	Erhöht
Panikstörung	2,3%	5:2	15-35 Jahre	erhöht
Zwangsstörung	2,0%	1:1	4-25 Jahre	Erhöht
Akute und posttraumat. Belastungsstörung	0,5%	1:1	Untersch.	Unbek.

Quelle: Comer R. J. Klinische Psychologie. Heidelberg 1994. S. 199

Am häufigsten kommen offensichtlich die soziale und die spezifische Phobie vor. Jedes Jahr leiden 8 bzw. 9% der Bevölkerung unter diesen Angststörungen. Frauen sind generell stärker betroffen als Männer, besonders bei der Panikstörung und der spezifischen Phobie. Während die Zwangsstörung und die generalisierte Angststörung schon in der Kindheit auftreten, beginnt z.b. die Agoraphobie erst ab ca. 20 Jahren. Die Wahrscheinlichkeit, dass nahe Verwandte einer an Angststörungen leidenden Person ebenfalls an Angststörungen erkranken, ist durchgehend erhöht.

Angststörungen sind die häufigsten psychischen Störungen in den Vereinigten Staaten. Jedes Jahr leiden zwischen 15 und 17% der erwachsenen Bevölkerung (etwa 23 Mio Menschen) an einer der sechs im DSM-IV aufgeführten

---

[7] Lehrbuch Klinische Psychologie. Hrsg. Von Baumann und Perrez. Bd.1.1990.S.38
[8] Prävalenz: Konzept zur Beschreibung der Häufigkeit einer Störung. Sie gibt in einer definierten Population den Anteil an Personen an, der zu einem bestimmten Zeitpunkt oder in einer bestimmten Zeitperiode die Störung aufweist.

Angststörungen. Insgesamt kosteten die Angststörungen als teuerste psychische Störung allein im Jahr 1990 46,6 Mio Dollar und verursachten damit ein Drittel aller Kosten im psychiatrischen Gesundheitswesen. Rund 35 Mill Dollar davon waren indirekte Kosten, wie Verluste durch Arbeitsausfall; den Rest machten Therapiekosten aus.[9]

5. Wie entstehen Angststörungen?

Eine Reihe von Faktoren kann zur Entstehung einer Angststörung beitragen. Die Anhänger der verschiedenen Modelle konzentrierten sich auf unterschiedliche Faktoren und entwickelten unterschiedliche Erklärungen.

5.1 Der Soziokulturelle Ansatz

Der Soziokulturelle Ansatz geht davon aus, dass gesteigerte gesellschaftliche Gefahren und Belastungen, wie Krieg, Armut und politische Unterdrückung ein Klima erzeugen, in dem sich Angststörungen leichter entwickeln.

Als weiterer bedeutender Ursachenfaktor wird die soziale Isolation gesehen, die vermehrt in den hoch industrialisierten Gesellschaften vorkommt. Das Nichteingebundensein in ein soziales Netzwerk erhöht die Gefahr der Isolation und damit die Erkrankung an psychischen Störungen.[10]

5.2 Der lerntheoretische / behavioristische Ansatz

Die behavioristische Theorie geht von einem mehrstufigen Prozess aus.

Zunächst erlernt eine Person die Angst vor einem ehemals neutralen Objekt oder einer Situation.

Dieses Modellernen veranschauliche ich an folgendem Beispiel:

Ein Kind, das bisher keine Angst vor Mäusen hatte, erlernt die Angstreaktion auf diese dadurch, dass es sieht, wie panisch die Mutter auf das Objekt „Maus" reagiert. Das Kind erlernt somit, dass das ursprünglich neutrale Objekt „Maus" etwas ist,

---

[9] Vgl. Comer, R.J. Klinische Psychologie. Heidelberg 1995. S. 192
[10] Vgl. Comer, R.J. Klinische Psychologie. Heidelberg 1995. S. 238

wovor man Angst haben sollte. Das Modelllernen eignet sich zur Erklärung vieler spezifischer Phobien (Spinnenphobie, Gewitterphobie etc.)

Am Beispiel der Flugangst erkläre ich die Angst vor einer ehemals neutralen Situation und das dadurch entstehende Vermeidungsverhalten:

Eine Person, die bisher keine Angst vor dem Fliegen hatte, erlebt plötzlich bei einem unruhigen Flug die Angst abzustürzen. Die ehemals neutrale Situation des Fliegens ist nun mit Angst besetzt. Der Betroffene wird davon abgehalten wieder in ein Flugzeug zu steigen, da er sich dieser Situation nicht noch einmal aussetzen möchte. Durch die Vermeidung dieser angstbesetzten Situation wird die Angst aufrechterhalten, denn die Vermeidung der Situation wird sozusagen durch das Ausbleiben der Angst belohnt.

Die Behavioristen vermuten, dass gelernte spezifische Ängste durch Reizgeneralisierung eine generalisierte Angststörung erzeugen.

5.3 Der biologische / biochemische Ansatz

Biologische Theorien deuten auf verschiedene Faktoren hin, die Schlüsselrollen hinsichtlich der Körperfunktionen des einzelnen Menschen einnehmen.

Für die Erklärung einzelner psychischer Störungen werden genetische Faktoren, Störungen des hormonellen Gleichgewichtes und pathologische Veränderungen der Gehirnstruktur genannt.

Biochemische Theoretiker haben nachgewiesen, dass schwere Unterernährung, Gehirnverletzungen, Bleivergiftungen, Sauerstoffmangel und Störungen des Gehirnstoffwechsels mit psychischen Störungen in Verbindung gebracht werden können.

Bei der Generalisierten Angststörung geht man beispielsweise davon aus, dass die Aktivität des Neurotransmitters Gamma-Aminobuttersäure (GABA) gehemmt ist.

5.4 Der kognitiv-orientierte Ansatz

Der kognitive Ansatz geht davon aus, dass emotionale Verwirrung nicht direkt durch externe Ereignisse, sondern durch die vermittelnden Prozesse unserer Wahrnehmungen und Interpretationen dieser Ereignisse verursacht wird.

12

Psychische Probleme sind als das Ergebnis unserer verzerrten Situations- oder Selbstwahrnehmung oder unserer fehlerhaften Denkprozesse, falschen Attribuierungen oder untauglichen Problemlösungsversuche anzusehen.[11] Diese fehlangepassten Annahmen führen dazu, dass die Betroffenen die meisten Situationen im Leben als gefährlich betrachten.

Typische Annahmen eines Betroffenen wären:

„Es ist immer am besten vom Schlechtesten auszugehen."

„Eine Situation oder Person ist nicht sicher, bis sie sich als sicher erwiesen hat."

„Wenn etwas gefährlich oder bedrohlich ist oder sein kann, sollte man sich schreckliche Sorgen deswegen machen und immer über die Möglichkeit seines Eintretens nachgrübeln."[12]

Was wir über uns selbst und unsere Beziehungen zu anderen Menschen und unserer Umwelt wahrnehmen oder denken, ist entscheidend dafür, ob die psychischen Funktionen normal oder gestört sind.

Unsere Anpassung wird von den folgenden drei kognitiven Variablen gesteuert.

1. durch unser Selbstwertgefühl.
2. durch unseren Glauben an unsere eigene Wirksamkeit bei der Bewältigung bedrohlicher Ereignisse.
3. durch das wahrgenommene Ausmaß unserer Kontrolle über wichtige Verstärker.[13]

5.5 Der psychodynamische Ansatz

Der psychodynamische Ansatz geht davon aus, dass Angst auftritt, wenn eine innere Konfliktlösung nicht gelingt.

Das heißt, dass jedes Individuum versucht, sein psychisches Gleichgewicht aufrechtzuerhalten, indem es in Konfliktsituationen auf seine lebenswichtigen Abwehrmechanismen, wie z.B. Verdrängung, Verschiebung und Vermeidung zurückgreift. Diese Abwehrmechanismen dienen der Kontrolle von Ängsten, nicht aber deren Beseitigung. Gewinnen aber Verdrängung, Verschiebung und Vermeidung die Oberhand, entstehen Phobien. Brechen diese Abwehrmechanismen

---

[11] Vgl. Zimbardo. S.632
[12] R.J. Comer,. Klinische Psychologie. Heidelberg 1995. S. 213

[13] Vgl.Zimbardo, S.632

13

zusammen und funktionieren somit nicht mehr, entsteht eine generalisierte Angststörung.

Keiner dieser Ansätze kann alle psychischen Störungen vollständig erklären. Sie liefern aber recht gute Erklärungen für bestimmte Störungen. So ist vor allem der psychodynamische Ansatz geeignet, einige der Angstsyndrome verständlich zu machen. Die Entstehung von Phobien kann besonders gut mit Hilfe des lerntheoretischen Ansatzes erklärt werden.

6. Der Teufelskreis bei Angstanfällen

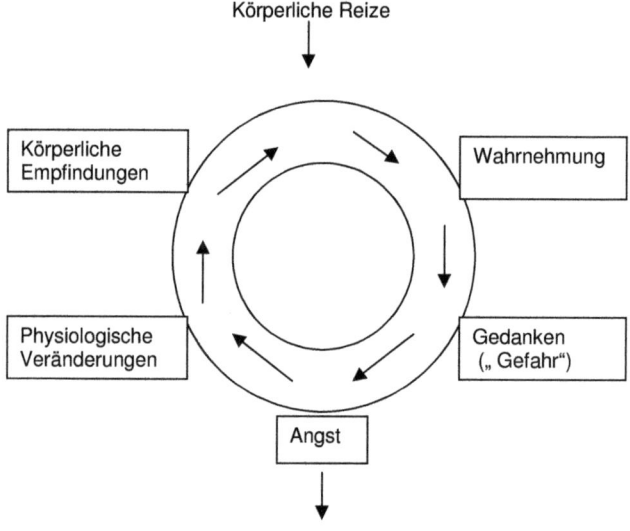

Körperliche Reize

Körperliche Empfindungen

Wahrnehmung

Physiologische Veränderungen

Gedanken („Gefahr")

Angst

(Sichtbares Verhalten)

Dargestellt ist der typische Aufschaukelungsprozess, der während Panikanfällen auftritt und der für den raschen Angstanstieg verantwortlich ist.
Am Beispiel einer mündlichen Prüfung veranschauliche ich den Teufelskreis.

Die betroffene Person hat Angst vor der Situation „Mündliche Prüfung". Teilweise für andere sichtbar verhält sie sich nervös, schwitzt, ist errötet und hat Herzklopfen. Diese physiologischen Veränderungen werden von der betroffenen Person empfunden und wahrgenommen. Durch die nicht angemessene Bewertung dieser körperlichen Ereignisse als Gefahr (z.B. „Hilfe ich falle gleich um", "Ich werde sterben") entstehen folglich weitere Angstreaktionen. Die ursprüngliche Angst vor der Prüfung steigert sich dadurch, dass die Angst vor weiteren Panikanfällen hinzukommt.[14]

7. Näheres zur Sozialphobie

Eine erste Definition der Sozialphobie wurde 1966 von Marks und Gelder gegeben:

„phobias of social situations, expressed variably as shyness, fears of blushing in public, of eating meals in restaurants, of meeting men or women, of going to dances or parties, or of shaking when in the center of attention." [15]

Jedoch erst 1980 wurde die Störung, die bis dahin unter „phobischen Neurosen" subsumiert wurde, nun auch als eigenständiges Störungsbild in die dritte Auflage des Diagnostischen und Statistischen Manuals Psychischer Störungen der amerikanischen Psychiatrie (DSM-III) aufgenommen.
Seitdem wurden die Kriterien zunehmend spezifiziert und erweitert.
Nach den aktuell gültigen diagnostischen Kriterien des DSM-IV wird die Sozialphobie (soziale Angststörung) folgendermaßen beschrieben:

A: Eine dauerhafte und übertriebene Angst vor einer oder mehreren sozialen oder Leistungssituationen, bei denen die Person mit unbekannten Personen konfrontiert ist oder von anderen Personen beurteilt werden könnte. Die Person fürchtet ein Verhalten (oder Angstsymptome) zu zeigen, das demütigend oder peinlich sein könnte.

---

[14] vgl. Angst Manual. Hrsg. Vom Expertenkreis zur Erarbeitung eines Stufenplans zur Diagnose u. Therapie von Angsterkrankungen 1994 S.67
[15] Marks, I./ Gelder, M. (1966). Different ages of onset in varieties of phobias. American Journal of Psychiatry. 123. S.228

B: Die Konfrontation mit der gefürchteten Situation ruft fast immer unmittelbar eine gefürchtete Angstreaktion hervor, die das Erscheinungsbild eines situationsgebundenen oder eines situativ vorbereiteten Panikanfalls annehmen kann.

C: Die Person sieht ein, dass die Angst übertrieben und unvernünftig ist.

D: Die gefürchtete soziale oder Leistungssituation wird vermieden oder nur unter intensiver Angst oder Unbehagen ertragen.

E: Das Vermeidungsverhalten, die ängstliche Erwartungshaltung oder das Unbehagen in den gefürchteten sozialen oder Leistungssituationen beeinträchtigt deutlich die normale Lebensführung, schulische (oder berufliche) Funktionsfähigkeit oder soziale Aktivitäten oder Beziehungen, oder die Phobie verursacht erhebliches Leiden.

F: Bei Personen unter 18 Jahren hält die Phobie über mindestens sechs Monate an.

G: Die Angst oder das Vermeidungsverhalten wird nicht direkt durch psychologische Effekte einer Substanz (z.B. Drogenmissbrauch, Medikation) oder durch eine organische Erkrankung hervorgerufen und kann nicht besser durch eine andere psychische Störung (z.B. Paniksyndrom mit oder ohne Agoraphobie, Trennungsangst, Dysmorphophobie, tiefgreifende Entwicklungsstörung oder schizoide Persönlichkeitsstörung) erklärt werden.

H: Falls eine organische Erkrankung oder eine andere psychische Störung vorliegt, so steht sie nicht im Zusammenhang mit der unter Kriterium A beschriebenen Angst, z.B. nicht Angst vor Stottern oder Zittern bei einem Parkinsonsyndrom oder dem Zeigen von abnormem Essverhalten bei Anorexia nervosa oder Bulimia nervosa.[16]

Man unterscheidet zwei Arten von sozialen Phobien:

- Spezifische soziale Phobien
- Generalisierte soziale Ängste

Spezifische soziale Ängste beziehen sich auf das Essen oder das Schreiben in der Öffentlichkeit sowie auf bestimmte Leistungssituationen (Prüfung, Reden, sportliche Betätigung, usw.).

Die Angst bewirkt eine Hemmung von an sich vorhandenen Fertigkeiten und geht mit belastenden körperlichen Symptomen einher. Die Störung ist begrenzt auf

---

[16] vgl. Soziale Kompetenz – Soziale Phobie. Hrsg. von J. Margraf u. K. Rudolf 1999, S.5

spezifische Leistungssituationen vor den Augen anderer Menschen, während in allen anderen Bereichen eine gute soziale Funktionsfähigkeit gegeben ist.

Als Auslöser dient häufig ein einschneidendes Erlebnis (Händezittern beim Schreiben an der Tafel oder Verspottung bei einer ungeschickten Turnübung). Dabei trat – von anderen häufig unbemerkt- die erste Panikattacke oder panikähnliche Reaktion auf. Eine Konfrontationstherapie ist oft hilfreich.

Generalisierte soziale Ängste beziehen sich auf vielfältigste soziale Situationen und beruhen häufig auf einer allgemeinen Selbstunsicherheit. Die Betroffenen fürchten sowohl öffentliche Leistungssituationen (vor anderen reden, essen, schreiben, usw.) als auch alle möglichen sozialen Situationen (Kontaktaufnahme mit Fremden). Es kommt im Laufe der Zeit zu schweren Beeinträchtigungen in allen Lebensbereichen, sodass soziale schulische und berufliche Probleme auftreten. Die Störung ist oft mit einer depressiven Symptomatik oder mit Alkoholmissbrauch verbunden. Als Therapiemaßnahme ist hier ein Selbstsicherheitstraining hilfreich.

Während die generalisierte Sozialphobie schleichend seit der Kindheit beginnt und mehr Männer als Frauen betroffen sind, tritt die spezifische Sozialphobie plötzlich im Teenager- oder frühen Erwachsenenalter auf und betrifft Männer und Frauen fast gleich.

8. Therapiemaßnahmen bei Sozialphobien

Bei der Behandlung von Angststörungen haben sich die problemspezifischen Therapien wie Verhaltenstherapie bzw. kognitive und biologisch orientierte Therapie durchgesetzt.

Aufgrund der Begrenztheit dieser Ausarbeitung gehen wir im Folgenden nur auf die gängigsten Methoden der Behandlung von sozialen Phobien ein.

Bei der Behandlung der sozialen Phobien hat sich eine Kombination von Konfrontationstechniken, kognitiver Therapie und Training sozialer Fertigkeiten durchgesetzt.

Konfrontationstherapie

Zu den Konfrontationstherapien gehören die Desensibilisierung und die Reizkonfrontation. Bei diesen Ansätzen werden die Klienten mit dem gefürchteten Gegenstand oder der gefürchteten Situation konfrontiert.

Die Desensibilisierung (Konfrontation in sensu) als eine Art der Konfrontationstherapie ist charakterisiert durch Entspannungstraining, Erstellung einer Angsthierarchie und die eigentliche Desensibilisierung gegen die gefürchteten Gegenstände und Situationen.

Die Kinder werden anhand einer Instruktion in einen entspannten Zustand versetzt und dann unter Entspannung in der Vorstellung mit den Angst auslösenden Reizen konfrontiert. Sobald ein Angstanstieg stattfindet, wird der angstauslösende reiz weggenommen und das Kind anhand erneuter Instruktionen wieder in einen entspannten Zustand versetzt.

Eine andere Konfrontationstherapie ist die Methode der Reizkonfrontation. Sie ist gekennzeichnet durch reale Konfrontation (Konfrontation in vivo) des Betroffenen mit der angstauslösenden Situation. Man geht davon aus, dass Menschen mit Phobien zwangsweise mit ihrem Angstobjekt konfrontiert werden müssen, damit sie einsehen, dass keine reale Gefahr besteht.[17]

Training sozialer Fertigkeiten

Das Training sozialer Fertigkeiten verbindet mehrere verhaltenstherapeutische Techniken, einschließlich Modelllernen und Rollenspiel, um den Menschen zu den benötigten sozialen Fertigkeiten zu verhelfen. Diese Fertigkeiten werden beim Training sozialer Kompetenz in systematischer Form eingeübt, wobei unter anderem auf nonverbale Kommunikation Selbstsicherheit und die Abgrenzung von selbstsicherem und aggressivem Verhalten eingegangen wird. Wesentliches Medium der Übungen sind Rollenspiele, in denen Therapeut und Patient oder Gruppen von Patienten reale Situationen nachstellen, um so in kontrollierter Umgebung Erfahrungen machen zu können und ausgiebig Rückmeldung zu erhalten. Im Gegensatz zur Konfrontation liegt hier der Hauptakzent der Behandlung auf der Vermittlung neuer Fertigkeiten, nicht unmittelbar auf dem Abbau übertriebener

---

[17] vgl. R.J. Comer S. 245 ff

18

Angstreaktionen. Des Weiteren soll in Selbstsicherheitstrainingsgruppen das Selbstbewusstsein gestärkt werden.[18]

Kognitive Therapie

Bei der kognitiven Therapie handelt es sich um Verfahren, die auf die Bewertungen und Interpretationen der Patienten ausgerichtet sind. Diese Verfahren wurde zunächst für Depressionen entwickelt und überprüft, später erfolgreich für Angsterkrankungen modifiziert. Hier zielen sie vor allem auf die Einschätzung äußerer Situationen oder körperinterner Reize als „gefährlich", „bedrohlich" oder „nicht zu bewältigen" ab. Solche Einschätzungen laufen häufig sehr schnell und „automatisch" ab und beeinflussen Ängste in negativer Weise (siehe Beispiele kognitiver Ansatz). Bei der Behandlung sollen rationale, besser der Realität entsprechende Bewertungen erarbeitet und gegebenenfalls eingeübt werden.

Fehlangepasste Aussage eines Betroffenen:

„ Bestimmt werde ich in meiner Prüfung ein Blackout bekommen!"

Diese Aussage sollte realistisch umgewandelt werden in

„Höchstwahrscheinlich werde ich meine Prüfung ohne Blackout gut bestehen!"[19]

Zusammenfassend ist zu sagen, dass erst die Kombination dieser drei Methoden den gewünschten Erfolg bringt. Außerdem sollte gerade bei der Behandlung der Sozialphobie die Gruppentherapie der Einzeltherapie vorgezogen werden.

Eine Medikamenteneinnahme z.B. in Form von Beruhigungsmitteln kann therapieeinleitend sinnvoll sein. Diese sollte jedoch aufgrund der Suchtgefahr nicht über einen längeren Zeitraum angewendet werden, sondern durch verhaltenstherapeutische Maßnahmen überflüssig werden.

---

[18] vgl. Angst Manual. Hrsg. Vom Expertenkreis zur Erarbeitung eines Stufenplans zur Diagnose u. Therapie von Angsterkrankungen 1994 S.77
[19] vgl Comer S.258

Literaturverzeichnis

American Psychiatric Association. Diagnostic and Statistical Manual of Mental Disorders. 4th Edition. Washington DC. APA. 1994

Angst Manual. Hrsg. Vom Expertenkreis zur Erarbeitung eines Stufenplans zur Diagnose u. Therapie von Angsterkrankungen 1994

Comer, R.J. Klinische Psychologie. Spektrum- Verlag Heidelberg 1995

Dorsch. Psychologisches Wörterbuch. 1998

Humboldt-Psychologie-Lexikon. Hrsg. von der Red. Naturw. U. Medizin des Bibl. Instituts 1986

Lehrbuch Klinische Psychologie. Hrsg. von Baumann/ Perrez. Bd. 1. 1990

Marks, I. & Gelder, M. Different ages of onset in varieties of phobias. American Journal of Psychiatry 1966

Soziale Kompetenz - Soziale Phobie. Anwendungsfelder, Entwicklungslinien, Erfolgsaussichten. Hrsg. Von J. Margraf und K. Rudolf. 2. Aufl. Schneider Verlag Hohengehren 1999

Soziale Phobie und soziale Angststörung. Hrsg. von U. Stangier und T. Fydrich. Hogrefe- Verlag Göttingen 2002

Zimbardo, P.G. Psychologie. 6.neubearb. u. erw. Aufl. Springer- Verlag Berlin 1995

http://www.panik-attacken.de/angst/angststoerungen.html
http://www.angst-auskunft.de